Les Funesteries

Léa Cerveau

Les souffleurs de vers
Editions

Les Funesteries
Léa Cerveau

ISBN 978-2-9592216-0-6

Aux absents, aux artistes, aux vivants, aux âmes tristes,
à ceux qui nous manquent.

À Milly, Tristan, Marin, Pierrot.

À Thierry, Miké, Sonia, Stella.

À Simone, Louisette, Paco.

À tous ceux qui seront éternels tant que l'on continuera
de dire leurs noms.

À tous ceux qui n'ont pas les mots.

Et à la vie qui continue.

Préface

Le souffle de Léa comme une « *voix de pétales fanées* », comme la nostalgie de la mort contemplant la vie. Herbier d'un désir conservé entre les feuilles d'un livre à venir.

Léa écrit.

Des hématomes sous la peau avec des mots-infirmiers, qui soignent, aires de repos pour les âmes égarées. « *J'écris pour éveiller l'azur au fond des yeux malades* » écrivait le poète algérien Messaour Boulanouar.

Léa écrit.

Pour les humiliés de la parole, « *à tous ceux qui n'ont pas les mots* », « *les jamais-vus* », ceux qui ne cessent de mourir leur mort indéfiniment, les mélancoliques, ceux qui sont en panne d'Essence, ceux qu'on gave de mots-bouillies comme des canards hagards « *dans les villes grises* ».

Léa écrit.

Puis, mouille ses cheveux « *jusqu'à la dernière goutte* ». « *L'air de rien* ». « *Le goût de la cendre dans ma bouche* ». Les plumes pleines d'encre. Oiseau de bon augure.

Elle écrit « *j'aurai toujours une place pour vous sous mon aile* ». Chaque poème est un asile, un refuge, « *un château de sable* », « *une case buissonnière* », un jardin intérieur. « *Poème de femme-fleur* » pour ceux qui cherchent les racines de leur amertume.

Léa écrit.

« *Et puis, pardonnez mon errance* ».

Frédéric Gramazio

Funesterie

nom féminin

Poème qui évoque la mort, mais qui ne peut être pris au sérieux par le caractère vivant de celui qui l'écrit.

Quelle drôle d'idée, la mort !

Les seuls qui pourraient en dire mot,

sont absents.

ceux qui en font des livres,

croyez-moi,

ne savent pas de quoi ils parlent.

Funesterie

Le néant

Je suis immense

et minuscule à la fois.

Qui compose

tout ce qui me compose.

Et composée

de tout ce qui me constitue.

Le néant, l'univers,

je suis tout à la fois.

Et j'ai foi en ces vers

qui disent que je suis là

sans ne rien dire, ma foi.

Ils n'existent que pour ceux qui les lisent.

Ils ne vivent que pour qu'on les entende.

Tout comme ma peau

dans laquelle s'enlisent

quelques traits

qui attendent d'entrer

dans la réalité.

Désormais,

mon portrait ressemble à celui du ciel.

Noir.

Et rempli de milliards d'étoiles.

Soufflé par le feu

au milieu du néant,

comme on souffle les vœux

à côté d'un enfant.

Et de mes yeux

naissent des paysages,

cousus par les saisons

façonnés par les nuages

bercés par l'océan.

Puis,

engloutis à la nuit tombée

par mes paupières fermées.

Dans ma chair diaphane

l'encre bleue

peint des fleurs tentaculaires

et des poèmes-racines

tirés du tréfonds de la terre

et qui n'existent

que parce-qu'on les dessine

que parce-qu'on les compose.

Constitués de tout ce qui

s'est tu.

Le néant, l'univers.

Et puis,

ces quelques vers.

immenses

et minuscules à la fois.

Louve

La louve lovée

dans de grands hivers,

que nul jour levé

ne saurait satisfaire,

hurle vers le vent

dans les hauteurs austères.

Attendant le levant,

elle s'isole, se terre.

Louvoyant entre jour et minuit,

sous son pelage blanc,

on devine la nuit,

croquée à pleines dents,

et la louve s'acharne,

intrépide, solitaire,

et dont le cœur incarne

tous les cœurs de la terre.

Dansante aux enfers

La tête dans les nuages.

Les pieds sur Terre... Quoique.

Je ne prends jamais rien au sérieux.

Rayon de jour gris,

tapis dans le matin... Tant pis.

Un pied dans l'aube,

l'autre encore dans la nuit.

Une aile dans l'enfer.

Et l'autre au paradis.

Funambule de la bonne heure,

point du jour, chant d'alouette,

danse sur le fil du bonheur,

la tête dans la brume...

Et les pieds sur la tête !

Sous cieux

12

Sous cieux,

des astres,

sursis des sans-ciels,

et sous les semelles,

le désastre d'avoir oublié l'essentiel.

Case buissonnière

D'aucuns diront qu'il lui manque une case...

Mais la case ne manque pas.

Elle est seulement partie.

C'est une case vagabonde,

qui s'échappe parfois faire le tour du monde.

Une case buissonnière.

Un peu fêlée, en bas, à droite.

Un peu usée.

Et un peu gauche.

Mais cette case-là

rentre toujours à la maison.

C'est celle où elle range l'amour,

et les quatre saisons.

L'Air de rien

L'air de rien,

je remplis mes poumons d'air mûr.

L'air de fin d'été,

rempli de soleil,

gorgé de rires,

à gorge déployée.

Couleur safran,

caramel beurre salé.

Ça y est, l'automne peut enfin arriver.

J'ai fait des réserves,

des pots de potes,

des confitures d'apéro,

des compotes de flemme,

des conserves d'étoiles filantes.

Et je remplis mes poumons d'air mûr.

Au toucher,

ni trop dur, ni pas assez,

juste ce qu'il faut.

La panacée !

Entre l'odeur du sable chaud et

celle du cartable mouillé.

Entre citron et citrouille,

mi-saison,

à tort ou à raison,

je prends la mesure,

l'*automnalité*.

Sur le seuil, quelques feuilles

rappellent la couleur du soleil.

Sol vermeil,

seule merveille,

soliflore et confiture, confiture d'air mûr,

l'air de rien,

rien ne dure.

Dehors la pluie

Je ne souffre plus.

Je n'ai pas de temps pour cela.

Et puis,

dehors la pluie,

balaie tous mes tracas.

Je l'ai chanté pourtant,

ce satané, violent temps

qui passe et qui questionne.

Mon Dieu !

Mais quelle conne !

Un grain de poussière,

puis un grain de folie.

Un grain de malice.

Tous les grains de la vie,

je les ai réunis.

Parmi eux, j'étais un grain aussi.

Une graine de vie,

une semence d'éther,

à la destinée éphémère.

Alors, plus rien n'est grave

sous le ciel étoilé,

sur le sable étalé,

partout où les grains par milliers

nous répètent combien,

les tracas ne sont rien,

dans le grand sablier,

où coulent nos destins.

Mélanjolie

Crève-cœur.

Mes larmes

ont pourtant l'éclat d'un rire.

Ta voix s'efface

peu à peu,

mais je garde les souvenirs.

Le fleuve

de la mélancolie

charrie des vestiges d'ivresse,

joyeuses liesses,

jadis partagées.

Souvenances douces,

amères.

Les débris de toi

caracolent avec grâce.

Légers,

si légers,

si véraces,

qu'on en oublie

ce promenoir et

la lourdeur de nos pas

derrière ce corbillard.

Le Cil

Un cil

posé sur ta joue,

tel l'astre, illustre,

cambré, gracile,

et qui rappelle tes yeux noirs,

et la grâce du ciel.

Les Pardons

Avant que tout ne s'éteigne,

pardonnez-moi

tant qu'il reste

de la chaleur dans nos entrailles,

du bruit entre nos deux oreilles,

du tumulte dans nos sérails,

des rêves dans notre sommeil.

Pardonnez-moi.

Plus tard,

tout sera obscur,

froid et solitaire,

et résonneront sur les murs,

les pardons que l'on voulait taire.

Oblique

Poème hommage à Emily Dickinson

Oblique.

Ni vertical, ni horizontal.

Un peu de travers.

Comme la face de la Mort,

dans la clarté oblique

des après-midis d'hiver.

De biais.

Jamais aligné à un plan,

qu'il soit celui de l'Univers,

ou bien du Tout-Puissant.

Oblique.

Comme un arbre fendu en quatre,

comme une rime inattendue,

une prose suspendue.

Tortueux.

Comme les corridors

hantés, où résonnent

un air sans paroles,

poème de femme fleur,

écrit avec le cœur.

Laissez-moi partir

Vous me parlez d'amour,

moi, je vous parle de liberté.

Pourquoi errer encore

entre la vie, la mort ?

Et pourquoi la souffrance,

et pourquoi la douleur ?

Voyez mon corps,

entendez mes soupirs.

J'ai pris mon âme

comme ultime bagage,

et quelques souvenirs.

La paix sera

mon tout dernier voyage.

Tenez ma main,

regardez mon sourire.

Il n'y a rien

qui puisse me retenir.

Vous me parlez d'amour,

moi, je vous parle de liberté.

Paco

Dans les cyprès,

dans les corbières,

dans les forêts,

dans les cimetières,

je me souviens.

Dans les mantras,

dans les colères,

dans les airs d'opéra,

dans les yeux de ma mère,

je me souviens.

Dans la cité de Carcassonne,

dans les étals du marché,

dans les églises qui résonnent,

dans chaque promenade à pied,

je me souviens.

Tous

Ceux qui restent,

ceux qui survivent,

ceux qui pestent

jusqu'à ce que mort s'en suive.

Ceux qui râlent, qui ratent,

ceux qui aiment avec rage.

Tous.

Jusqu'à la dernière goutte.

Et puis les autres aussi.

Ceux qui partent,

qui laissent tomber.

Ceux qui n'ont pas choisi,

ceux qu'on a enterrés,

ceux qui savent les limbes,

sans pouvoir les conter.

Ceux qui font silence,

à qui on cause dans le noir.

Ceux qui brillent par leur absence.

Ceux qu'on raconte dans nos histoires.

Tous.

Jusqu'à la dernière goutte.

Et puis les autres aussi,

les jamais-vus,

les jamais-nés,

jamais connus,

mais qui ont existé.

Et qui existent encore,

parce que quelque part,

on dit leurs noms, encore.

Tous.

Jusqu'à la dernière goutte.

Comme un océan d'âmes,

qui frôle le sable fin.

Personne.

Personne ne questionne jamais l'océan.

Pourtant, dans ses milliards de gouttes,

il y a celles qui érodent,

celles qui s'évaporent,

celles qui terminent leur course

dans un nuage,

celles qui dessinent des mirages,

celles qui nous collent à la peau,

Et puis les autres, près des bateaux.

Celles qui finiront par nous tomber,

quelque part, sur le bout du nez.

Celles qu'on pensait avoir capturées

dans la poche d'un vieux cartable,

et que l'on retrouve après quelques années,

coincées dans un château de sable.

I

Discrètement,

sur le fil

de la vie,

tangue

mon cœur d'enfant.

II

Pardon.

Même à vol d'oiseau,

j'étais loin.

– Trop loin.

Pour empêcher vos ailes

de s'embraser.

III

Ceux qui restent

marchent sur le fil.

Funambules imbéciles, indigestes.

Et que la mort a trouvé

trop difficiles à avaler.

La Complainte des vivants

Derrière la brume, un peu de rose.

Les souvenirs tiennent à peu de choses.

Quelques étoiles restent allumées,

comme pour venir nous saluer.

J'aime à croire que c'est un peu vous,

loin de ce monde frêle et fou,

assis au bord de l'univers,

à regarder ceux qui sur Terre,

se lovent dans les doux souvenirs

de vos câlins, de vos sourires,

de vos chansons, de vos conneries,

de tout ce qui a tant marqué nos vies.

J'échangerai mille poèmes

contre l'éternité,

pour que, sous la lune blême,

tu viennes encore chanter.

C'est la complainte des vivants,

qui ne savent plus bien comment

faire pour qu'encore le monde danse,

envers et contre vos absences.

J'aime à croire que c'est un peu vous,

enlacés pour l'éternité,

qui dessinez dans les nuages,

pour nous dire que vous êtes en paix.

Silence d'hiver

Là, au ras des champs,

les rayons métalliques

feignent l'or du ciel.

Silence d'hiver,

le jeune blé ondule,

et nul ne stridule.

La morne plaine,

les chemins solitaires.

– Gris –

dans leurs lits verts.

IV

Tu seras là, toujours,

dans nos rires pleins de larmes,

dans nos cafés bien noirs,

dans toutes les fêtes que nous ferons encore,

comme si jamais,

jamais,

on ne pouvait laisser gagner la mort.

V

On écrit souvent nos regrets,

et nos êtres perdus,

avec des phrases qui commencent par « J'aurais »
ou par « Tu aurais dû ».

Voilà.

Pendant qu'on prend des plis,

comme des papiers brouillons,

Tes 40 éternels nous laissent un peu couillons.

Fendre les airs

Fendre les airs d'un coup d'un seul
avant la saison du linceul,
comme si l'été pouvait durer toujours.
Un tournesol et la place du village.
Des yeux si seuls qui dévisagent.
Long manteau noir,
cape de soleil couchant,
l'hiver bruisse derrière les fleurs du jardin.
Moi, j'attends...
Vivre libre,
vivre libre.
Libre.
Ivre.
Toujours plus qu'hier,
jamais moins qu'aujourd'hui.
Le goût de la cendre dans ma bouche,
qui viendra déposer tendrement
ma tête vide sur le drap de soie blanc ?
Qui me dispersera aux quatre vents ?

Offrant mon nom à l'Harmattan.

Quand moi je n'existerai plus,

partie pour un ultime voyage,

qui se souviendra avoir lu

mes quelques mots,

mes gribouillages.

Au jardin, moi, j'attends...

Faisant des ronds dans le bassin,

dans mon bassin, des fantassins

se lancent dans la pyrotechnique.

Dans mon bassin, des nénuphars,

pris dans le limon de mon art.

Et qui fleurissent. Et puis qui poussent.

Et qui grandissent. Et puis... la frousse

de ne laisser aucune trace.

Pas même un mot

dans la mémoire d'une hirondelle.

La ville grise bouffe les bleus de travail,

et la vie continue, qu'on reste là, ou qu'on s'en
aille.

Alors tant qu'à disparaître en silence,

autant qu'on aime,

autant qu'on danse.

C'est la seule trace qu'on laissera,

celle de nos pas,

Sur le macadam d'ici-bas.

Aucune chance que l'on se trompe

Aucune non plus que l'on s'estompe.

Après avoir dansé encore,

l'espace prendra nos voix, nos corps,

pour que l'on devienne des métaphores.

Aucune chance que l'on se trompe encore,

une fois rendus à la faune, à la flore.

Un nénuphar.

Dans le limon, un phare nu.

Une étincelle.

Un porte-vues.

Retrouvailles de grenier

dans un coffre qu'on avait oublié.

Quelques photos,

un vieux carnet.

Une araignée réincarnée

en grignote les pages,

années après années.

Fendre les airs.

D'un coup d'un seul.

Une place pour vous sous mon aile

Faite de chair ou d'éther,

de terre ou de vent,

argile brute ou fragile géant,

j'aurais toujours

une place pour vous sous mon aile.

Faite de sang ou d'éternité,

d'écumes, d'océans,

de grains minuscules,

ou bien d'immensité,

j'aurai toujours

une place pour vous sous mon aile.

Dans le silence, dans la folie,

jusque dans mes absences,

dans l'amour infini,

lorsque vous serez seuls,

lorsque vous aurez froid,

ou face à mon linceul,

si les larmes vous noient,

j'aurai toujours

cet amour éternel.

Et dans le grand chahut de l'univers,

si ce n'est dans les bras de votre mère,

il y aura toujours

une place pour vous sous mon aile.

Les Mots pour dire la guerre

Je vous aurais bien écrit

un poème sur la guerre.

Parce qu'aux grands maux,

les grands remèdes.

Parce que l'amour a besoin d'aide.

Parce que la mort, c'est moche.

J'ai beau chercher,

mais je n'ai rien en poche.

Les mots qui meurent sont pas jolis.

Les enfants qu'on enterre,

Ce n'est pas de la poésie.

J'étais faite

pour parler de joie,

de magie,

de ces petits qui naissent,

qu'on enlace contre soi,

qu'on entoure de tendresse,

qu'on regarde rire

et qu'on invite,

à rêver leur avenir,

sur la terre qu'ils habitent.

J'espérais vous parler de paix,

De beauté et d'étoiles par milliers.

Vous raconter la vie,

qu'on embrasse à s'user.

Vous donner des poèmes,

les mettre à vos souliers,

pour vous dire combien

le monde vaut la peine d'avancer.

Je n'avais pas prévu, moi,

d'écrire à mes enfants

des requiem, des mélopées,

des pamphlets bien trop sombres

qui racontent les bombes.

Alors, ma fille, dans tes grands yeux

noirs

et dans ta chevelure,

je cherche un peu l'espoir,

j'emmêle mes ratures,

je laisse derrière nous

ce monde un peu trop fou.

Et j'espère que tu me pardonneras,

parce que la guerre, tu sais...

j'ai pas les mots pour ça.

Arpenter les allées

Ces jardins de silence,

Où les jeunes pousses

côtoient les vieilles branches.

Où l'été

côtoie l'hiver.

L'éternité

frôle l'éphémère.

Où jamais,

en questionnant les fleurs,

je n'ai eu si peur

qu'elles me répondent en cœur.

Voix de pétales fanées,

ombres de bouquets amers.

Mon cœur arpente les allées

faites de pierres et de prières.

Le croque-mort s'en est allé,

et me voici une étrangère

dans ces jardins de paix,

que l'on nomme cimetières.

Notes pour plus tard

Fermez mes paupières,
glissez quelques primevères
au creux de mes mains raides,
et façonnez mes boucles
en y tressant des brins
de bruyère parme.
Et puis,
pardonnez mes errances,
mes coups de sang.

Farouches,
à peine touchés du doigt
par le printemps,
les rayons du soleil
coucheront sur ma peau
des dessins de ramures,
et des pétales d'éternité.

Faites silence un moment.

Vous savez combien j'aime

la quiétude et la douceur

du ciel.

Puis, dans le creux des larmes,

glissez un fracas d'éclat de rire,

et ne le laissez plus jamais s'éteindre.

Oubliez la rudesse et le froid.

Lisez quelques proses

jusqu'à la nuit tombée,

ma bien-aimée.

Ma dernière couche

sera faite d'un vieux papier jauni,

griffonné de liesse,

de vair et de lierre fleuri.

N'embarrassez pas les cimetières,

posez-moi au jardin,

le nez sous le jasmin.

Je vous aurai trop aimé,

beaucoup trop, pour oser mourir en hiver !

J'aurai trop aimé les oiseaux,

et les jeunes pousses entre les pierres,

pour partir autrement,

qu'au début du printemps !

Contact éditeur :

direction@lessouffleursdevers.fr

La maison d'édition Les souffleurs de vers est une structure associative qui œuvre pour la diffusion de l'art poétique.

Vous pouvez nous soutenir en faisant un don et/ou en adhérant à notre association en utilisant le QR code ci-dessous

ou en consultant notre site internet
www.lessouffleursdevers.fr